James Madison
y la formación de Estados Unidos

Torrey Maloof

Asesores

Vanessa Ann Gunther, Ph.D.
Departamento de Historia
Universidad de Chapman

Nicholas Baker, Ed.D.
Supervisor de currículo e instrucción
Distrito Escolar Colonial, DE

Katie Blomquist, Ed.S.
Escuelas públicas del Condado de Fairfax

Créditos de publicación

Rachelle Cracchiolo, M.S.Ed., *Editora comercial*
Emily R. Smith, M.A.Ed., *Vicepresidenta superior de desarrollo de contenido*
Véronique Bos, *Vicepresidenta de desarrollo creativo*
Caroline Gasca, M.S.Ed., *Gerenta general de contenido*

Créditos de imágenes: portada y pág.4 NARA [1667751]; portada y pág.1 World History Archive/Alamy Stock Photo; pág.2 Steve Heap/Shutterstock.com; págs.5 (fondo), 9, 13, 21, 25 (superior) North Wind Picture Archives; pág.5 National Numismatic Collection en Smithsonian Institution; pág.6 (superior) MPI/Getty Images, (inferior) DeAgostini/Getty Images; pág.7 (superior) New York Public Library Digital Collections, (inferior) Pete Spiro/Shutterstock.com; pág.8 LOC [LC-DIG-ppmsc-08560]; pág.10 Kean Collection/Archive Photos/Getty Images; págs.11, 23, 28 Granger, NYC; págs.17, 20 (centro) Sarin Images/Granger, NYC; pág.11 (izquierda) GraphicaArtis/Bridgeman Images, (derecha) GraphicaArtis/Bridgeman Images, (superior) Cortesía de la Historical Society of Pennsylvania Collection, Atwater Kent Museum of Philadelphia; pág.12 LOC [LC- USZ62-59464]; pág.14 U.S. Government/Dominio público; pág.15 LOC [Jefferson.21562v1.1]; pág.18 (frente) LOC [LC-USZ62-68175]; págs.18-19 LOC [LC-DIG-highsm-13867]; pág.20 (superior) Natural Earth and Portland State University/ Wikimedia Commons, (inferior) Library of Virginia; pág.21 (superior) U.S. Naval History and Heritage Command, (inferior) LOC [LC-USZC4-6235]; págs.22, 32 GraphicaArtis/Bridgeman Images; pág.24 Universal History Archive/UIG a través de Getty Images; pág.25 (inferior) LOC [LC-DIG-ppmsca-23756]; pág.26 (izquierda) Steve Heap/Shutterstock.com, (derecha) LOC [LC-HS503-4621]; pág.29 LOC [bdsdcc n001001]; contraportada MPI/ Getty Images; todas las demás imágenes cortesía de iStock y/o Shutterstock

Library of Congress Cataloging in Publication Control Number: 2024051679

TCM | Teacher Created Materials

5482 Argosy Avenue
Huntington Beach, CA 92649
www.tcmpub.com
ISBN 979-8-3309-0207-1
© 2025 Teacher Created Materials, Inc.

Tabla de contenido

Establece, expande, preserva

Puede que lo conozcas como el "padre de la **Constitución**". Pero ¿sabías que él no se consideraba a sí mismo como tal? De hecho, a James Madison le molestaba mucho esa manera de llamarlo. En una famosa frase, aseguró que el documento no era producto de su "mente individual", sino "la obra de muchas mentes y muchas manos".

Madison mostró humildad al pronunciar esas palabras. Su papel en la historia de Estados Unidos fue vasto y, al mismo tiempo, fundamental. Su extraordinario **currículum** habla por sí solo. Madison ayudó a establecer el gobierno de Estados Unidos. Luego, trabajó para expandir las fronteras del país. Años después, contribuyó a preservar la nación durante una guerra con Gran Bretaña.

Madison fue miembro del Congreso. Se desempeñó como secretario de Estado. Y, además, fue el cuarto presidente. Era un excelente escritor, un pensador profundo y un experto en solucionar problemas. Amaba su país, y eso se notaba. Durante su vida, hizo todo lo que pudo para expandir y preservar la nación.

la Constitución de Estados Unidos

4

James Madison

FIVE THOUSAND DOLLARS · **UNITED STATES**

FIVE THOUSAND DOLLARS · THIS CERTIFIES THAT · **Five Thousand Dollars** of gold coin have been deposited in the Treasury of the United States. That sum is repayable in **GOLD COIN** on demand · U.S. Assistant · at New York City · WASHINGTON · 1882 · **5000** · A0000005

BILLETE DE $5,000

Sí, leíste bien. Antes de la Segunda Guerra Mundial, el Departamento del Tesoro fabricaba billetes de mucho valor. El retrato de James Madison aparecía en el billete de $5,000. También había billetes de $500, $1,000, $10,000 y $100,000.

5

Pequeño pero inteligente

James Madison (hijo) nació el 16 de marzo de 1751. Fue el primero de 12 hermanos. Pertenecía a una familia adinerada. Poseían una gran plantación llamada Mount Pleasant, en la colonia de Virginia. Más tarde, el lugar recibió el nombre de Montpelier.

Cuando era pequeño, Madison era de baja estatura y muy enfermizo. Tenía trastornos estomacales. Los médicos creían que tenía problemas de hígado. También sufría convulsiones violentas. Debido a su mala salud, Madison pasaba la mayor parte de sus días en casa. Dedicaba el tiempo a leer. Con apenas 11 años, ya había leído todos los libros de la biblioteca de su padre.

retrato del joven James Madison

casa de James Madison en Montpelier

En ese entonces, lo enviaron a un internado. Antes, había recibido clases en su casa. En la escuela, Madison estudió matemáticas, historia y geografía. También aprendió griego, latín y francés. Era un estudiante con grandes condiciones. A los 16 años, regresó a su hogar y siguió recibiendo clases allí durante dos años más.

Cuando tenía 18 años, Madison medía poco más de cinco pies de estatura. Pesaba apenas 100 libras. Era pequeño para su edad y seguía teniendo problemas de salud, pero no permitió que eso lo detuviera. ¡Se fue a la universidad!

Universidad de Nueva Jersey

AÑOS UNIVERSITARIOS

Madison asistió a la Universidad de Nueva Jersey. Actualmente, se conoce como Universidad de Princeton. Le llevó solo dos años terminar sus estudios universitarios.

la actual Universidad de Princeton

El comienzo de una carrera

Después de la universidad, Madison se sentía un poco perdido. No estaba seguro de lo que quería hacer con su vida. Las cosas estaban cambiando rápidamente en el mundo que le rodeaba. Se decía que las colonias debían liberarse de Gran Bretaña. Los colonos estaban cansados de pagar tantos impuestos. Querían tener su representación en el **Parlamento**. Necesitaban que se los tratara de forma justa. Madison pensaba que la independencia era una buena idea. Creía que los colonos debían tener más control sobre sus propias vidas. Quería ayudar a lograr la independencia. Por eso, decidió dedicar su vida al servicio público. Iba a trabajar en el gobierno.

el Parlamento británico, en Londres

Madison desempeñó su primer cargo en Virginia, como parte del Comité de Seguridad. Este grupo supervisaba a la **milicia** local. Su función era asegurarse de que las personas estuvieran preparadas para la guerra y apoyaran a Virginia, no a Gran Bretaña. Había mucha tensión entre los británicos y los colonos. ¡La guerra podía estallar en cualquier momento!

una milicia colonial

DEMASIADO DÉBIL

Madison se unió a la milicia que ayudó a formar. Sin embargo, era demasiado débil para soportar el entrenamiento militar. ¡Se desmayó el primer día!

En mayo de 1776, la colonia de Virginia celebró una convención, o reunión. Madison estaba presente. Allí se tomó una importante decisión. Virginia votaría por la independencia. Ya no sería leal a Gran Bretaña. ¡Pero ahora Virginia necesitaba sus propias leyes!

Se realizaron más reuniones, esta vez con el objetivo de crear una constitución. Madison prestaba mucha atención en las reuniones. Le encantaba aprender cómo funcionaba el gobierno. Todo le resultaba muy interesante. A los pocos meses, Virginia ya contaba con su propia constitución.

Madison quería tener un papel más importante en el gobierno. Por eso, en 1777 se postuló para ocupar una banca en la asamblea de su estado. Pero perdió. En realidad, no fue una campaña justa. ¡Su **opositor** repartió whisky gratis el día de las elecciones! Sin embargo, Madison fue elegido para otro papel. Le pidieron que formara parte del Consejo del Estado de Virginia. Era un grupo de ocho hombres que ayudaban al gobernador a tomar decisiones. Fue un buen inicio para su carrera.

REVOLUCIÓN ESTADOUNIDENSE

Dos meses después de que Virginia decidiera liberarse de Gran Bretaña, las colonias declararon la independencia. El general George Washington llevó al Ejército Continental a la victoria en 1781. Se firmó un tratado de paz dos años después. Había nacido Estados Unidos de América.

Las 13 colonias acordaron declarar la independencia poco después de que Virginia decidiera hacerlo.

Esta sección de la Constitución de Virginia de 1776 fue escrita por George Mason.

SURGE LA AMISTAD

★★★★

Madison conoció a Thomas Jefferson en 1776. Los dos tenían muchas cosas en común. Jefferson admiraba los conocimientos de Madison y su amor por la política. Se hicieron buenos amigos.

11

Crear la Constitución

En 1779, Madison dio un gran paso en su carrera política. Fue elegido para formar parte del **Congreso Continental**. Con apenas 28 años, era el **delegado** más joven. En ese momento, el Congreso estaba elaborando un plan: era necesario conformar un gobierno **federal**. Redactaron los Artículos de la Confederación. Era el primer conjunto de leyes de la joven nación. La idea de un gobierno central fuerte despertaba ciertos temores. Por eso los Artículos mantuvieron los gobiernos estatales intactos. Cada estado tenía su propio conjunto de leyes. El Congreso no podía cobrar impuestos a los estados. Tampoco podía formar un ejército. Madison no estaba de acuerdo con este plan. Sabía que presentaría problemas. Sin embargo, el plan se aprobó en 1781.

Con el paso del tiempo, cada vez más personas encontraban fallas en los Artículos. Querían hacer cambios. Deseaban fortalecer el gobierno federal. Les preocupaba que el país se desintegrara si no lo hacían.

Una milicia de Massachussets combate a los manifestantes durante la Rebelión de Shays.

LA REBELIÓN DE SHAYS

Entre 1786 y 1787, los agricultores organizaron una serie de protestas lideradas por un hombre llamado Daniel Shays. Shays amenazaba con desatar una guerra porque los agricultores no podían pagar sus deudas. Querían que el gobierno les ayudara a pagar aunque eso era imposible. El Congreso no contaba con un ejército. No tenía poder para detener la rebelión. Ahora muchos entendían por qué el gobierno tenía que cambiar.

George Washington preside una reunión en 1787 para modificar los Artículos de la Confederación.

En 1787, Madison asistió a una reunión en Filadelfia. Esa reunión se conoció como la Convención Constitucional. Asistieron representantes de todos los estados, excepto Rhode Island. Estaban allí para discutir formas de mejorar los Artículos.

Virginia envió varios representantes a la Convención. Madison fue uno de ellos. Antes de la reunión, hizo la tarea. Investigó distintas **filosofías** políticas. Leyó muchos libros. Estudió los gobiernos de otras partes del mundo. Tomó nota de lo que había funcionado en el pasado. Analizó por qué otros sistemas no habían dado resultado. Y, después de todo eso, elaboró un plan.

El Plan de Virginia proponía un gobierno central más grande. Debía tener más poder que los estados. El plan establecía que la cantidad de población de cada estado debía usarse para determinar cuántos representantes tendría ese estado en el Congreso. Y proponía un sistema dividido en tres poderes, o ramas. Cada una de las ramas controlaría y equilibraría el poder de las demás. Era un plan muy sólido. Pero Madison tenía que convencer a los representantes de que lo aceptaran. Trabajó mucho. Dio discursos e hizo **negociaciones**. Finalmente, los representantes lo aceptaron. Y crearon la Constitución.

La Constitución de Estados Unidos se firmó en 1787.

14

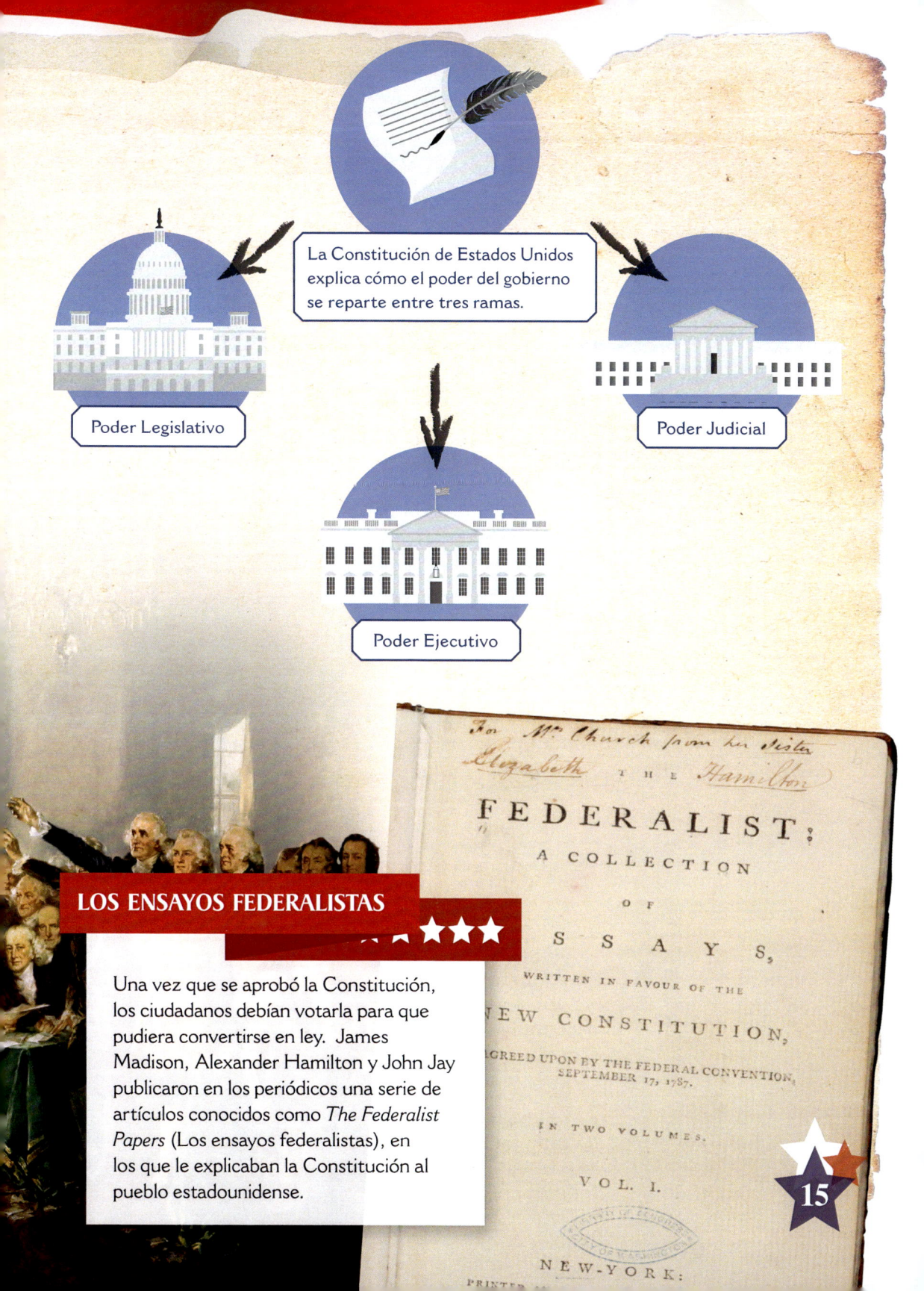

La Constitución de Estados Unidos explica cómo el poder del gobierno se reparte entre tres ramas.

Poder Legislativo

Poder Judicial

Poder Ejecutivo

LOS ENSAYOS FEDERALISTAS

★★★

Una vez que se aprobó la Constitución, los ciudadanos debían votarla para que pudiera convertirse en ley. James Madison, Alexander Hamilton y John Jay publicaron en los periódicos una serie de artículos conocidos como *The Federalist Papers* (Los ensayos federalistas), en los que le explicaban la Constitución al pueblo estadounidense.

For Mr Church from her sister Elizabeth THE Hamilton

FEDERALIST:

A COLLECTION

OF

E S S A Y S,

WRITTEN IN FAVOUR OF THE

NEW CONSTITUTION,

AGREED UPON BY THE FEDERAL CONVENTION, SEPTEMBER 17, 1787.

IN TWO VOLUMES.

VOL. I.

NEW-YORK:

PRINTED

15

En 1788, la Constitución **se ratificó**, o se aprobó. Ese mismo año, Madison obtuvo una banca en la Cámara de Representantes. No tardó en convertirse en uno de los líderes del Congreso. Seguía siendo tímido y callado, pero se ganó el respeto de muchos. Sabían que Madison tenía grandes ideas.

Madison fue miembro del Congreso hasta 1797. Durante ese período, ayudó a establecer el sistema nacional de justicia. Este sistema decide si las personas han incumplido la ley o no. Madison también propuso la formación de diferentes departamentos para ayudar al presidente. Se ocuparían de cuestiones como las finanzas y la guerra. Asesorarían al presidente y le ayudarían a tomar decisiones.

El principal triunfo de Madison en el Congreso fue la Carta de Derechos. Se trata de una lista de artículos que se agregaron a la Constitución. Garantiza y protege los derechos básicos de los ciudadanos. Madison impulsó la inclusión de la Carta de Derechos. ¡También redactó muchos de esos derechos! Se basaban en la Declaración de Derechos de George Mason.

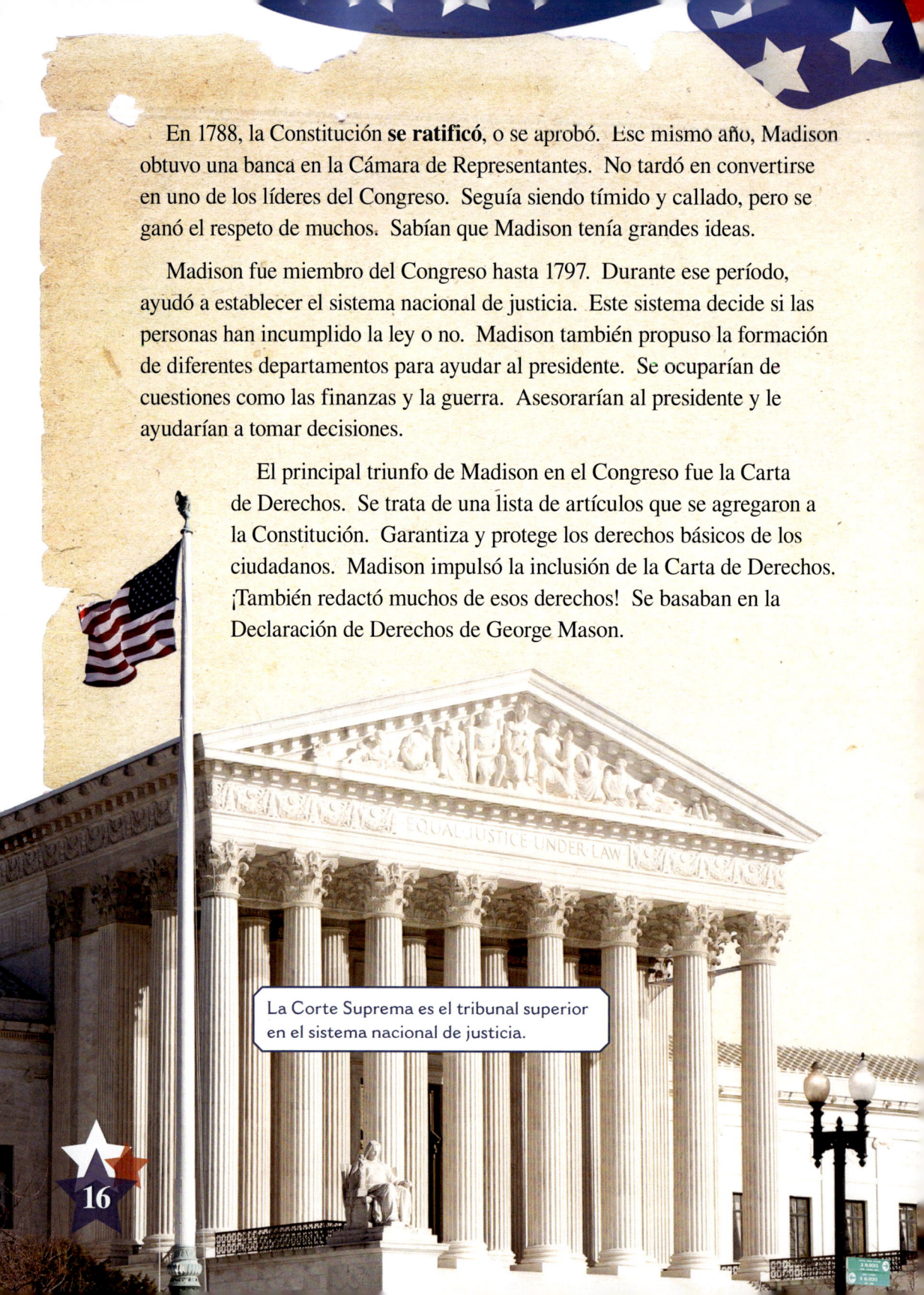

La Corte Suprema es el tribunal superior en el sistema nacional de justicia.

Constitución de Estados Unidos

Los miembros del gabinete del presidente Washington dirigían los departamentos que James Madison había sugerido crear.

Una estrecha amistad

Durante sus últimos años en el Congreso, Madison trabajó mucho. Pero también encontró tiempo para sí mismo. En 1794, conoció a la encantadora y vivaz Dolley Payne Todd. Ella era **viuda**. La pareja parecía la unión de dos extremos opuestos. Ella era divertida y sociable. Él era serio y tímido. Sin embargo, ambos se enamoraron perdidamente. A los pocos meses, se casaron.

LOS PRIMEROS AÑOS DE DOLLEY

Dolley Payne nació en 1768 en el seno de una familia cuáquera. En 1790, se casó con un abogado llamado John Todd (hijo). Tuvieron dos hijos. En 1793, el marido de Dolley y su hijo menor murieron de fiebre amarilla.

Dolley Madison

En 1797, George Washington dejó su cargo. Había cumplido dos **mandatos**. John Adams se convirtió en el nuevo presidente. Ese mismo año, Madison también decidió retirarse. Estaba cansado. Quería un cambio. Regresó a Virginia con su esposa, aunque siguió participando en el gobierno del estado en algunas ocasiones.

En los años siguientes, la pareja remodeló la casa familiar. Dolley cautivaba a los invitados en su nueva casa. Madison disfrutaba de la tranquilidad de la vida en la granja. El matrimonio estaba contento. La vida en Montpelier era muy agradable. Pero, en 1801, todo cambió. Thomas Jefferson, el gran amigo de Madison, se convirtió en presidente. Y tenía una gran pregunta para Madison.

la casa de Madison en Virginia

James Madison

Este mapa muestra el territorio que se compró a Francia.

Jefferson le propuso a Madison que fuera su secretario de Estado. Habían sido amigos íntimos durante más de 20 años. Madison no podía negarse. Aceptó la propuesta. Dolley y él se trasladaron a Washington D. C.

El nuevo trabajo de Madison no era fácil. Estaba a cargo de los asuntos exteriores. Eso significaba que trabajaba con otros países. Asesoraba al presidente. Le informaba sobre lo que ocurría en el mundo.

MARBURY CONTRA MADISON

★★★★★★★

Antes de dejar el cargo, John Adams nombró a varios jueces. Cuando Jefferson asumió, no quería que esos hombres ejercieran sus cargos. Entonces, le pidió a Madison que no entregara los documentos de los nombramientos. El asunto llegó a la Corte Suprema. La Corte anuló la decisión de Jefferson. Este caso contribuyó a establecer la igualdad entre la Corte Suprema y los otros dos poderes del gobierno.

John Marshall, presidente de la Corte Suprema

Los británicos atacan un barco estadounidense en 1807.

Una de las primeras tareas de Madison estuvo relacionada con Francia. Estados Unidos quería comprarle a Francia el puerto de Nueva Orleans. En 1803, se llegó a un acuerdo. En lugar de vender solo el puerto, Francia vendió todo el territorio de Luisiana por 15 millones de dólares. Así de fácil, ¡la nación prácticamente duplicó su tamaño!

Madison también tuvo que enfrentar problemas en el mar. Gran Bretaña y Francia intentaban restringir las actividades comerciales de Estados Unidos. Los británicos empezaron a atacar los barcos estadounidenses. En 1807, Madison y Jefferson le presentaron al Congreso la Ley de Embargo. Establecía que Estados Unidos ya no podía enviar mercancías a Europa. La ley se aprobó, pero no tuvo el resultado esperado. Estados Unidos perdió dinero. Al poco tiempo, el Congreso retiró la ley.

Esta viñeta de 1808 muestra a los estadounidenses quejándose ante Jefferson por la Ley de Embargo.

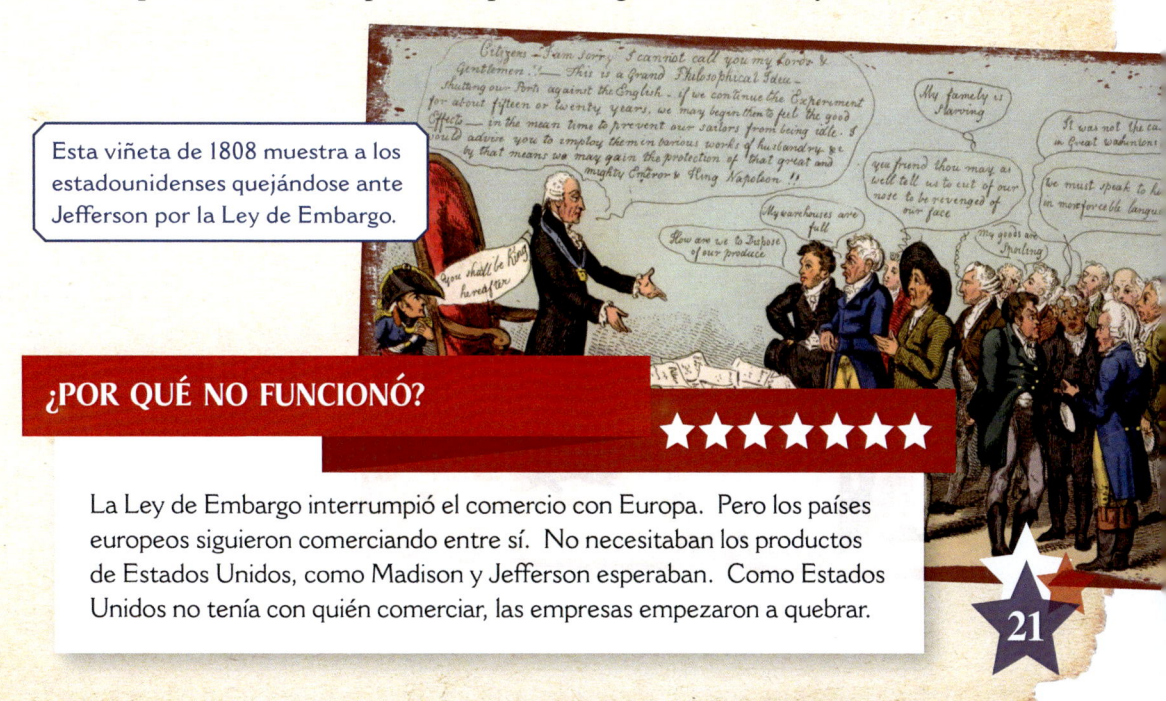

¿POR QUÉ NO FUNCIONÓ?

La Ley de Embargo interrumpió el comercio con Europa. Pero los países europeos siguieron comerciando entre sí. No necesitaban los productos de Estados Unidos, como Madison y Jefferson esperaban. Como Estados Unidos no tenía con quién comerciar, las empresas empezaron a quebrar.

La guerra del Sr. Madison

El segundo mandato de Thomas Jefferson como presidente había llegado a su fin. Él esperaba que su buen amigo Madison le **sucediera** en el cargo. ¡Y así fue! Madison ganó las elecciones y asumió la presidencia en 1809. La ceremonia de asunción fue en marzo. Madison pronunció un breve discurso. Aseguró que quería "atesorar la paz". Sin embargo, al poco tiempo, la guerra empezó a asomar en el horizonte.

Los británicos seguían atacando los barcos estadounidenses. Se apropiaban de los cargamentos y capturaban a los marineros. Eso perjudicaba el comercio. Madison tuvo que lidiar con este problema durante sus dos primeros años como presidente. Él quería evitar una guerra con Gran Bretaña. Sin embargo, algunos congresistas, conocidos como los "halcones de la guerra", apoyaban el conflicto. La presión se intensificaba, así que Madison convocó al Congreso para que discutiera el tema. En junio de 1812, el Congreso le declaró la guerra a Gran Bretaña. Así comenzó la guerra de 1812.

Estados Unidos no comenzó la guerra con buen pie. Gran Bretaña tenía un mejor ejército y una mejor armada, e impuso un **bloqueo** naval. Los barcos británicos rodearon la costa estadounidense. Las mercancías no podían salir del país. Tampoco se podían **importar** productos. Los estadounidenses sufrieron las consecuencias.

retrato presidencial de James Madison

El barco estadounidense USS Constitution derrota al navío británico HMS Guerriere durante la guerra de 1812.

Muchos estaban disconformes con Madison durante este período. Empezaron a referirse al conflicto armado como "la guerra del señor Madison". Era un mal momento para él. Estaba enfermo y su primer mandato estaba a punto de terminar. Sin embargo, no se rindió. Lo reeligieron en 1812. Pero la guerra continuaba.

En el verano de 1814, los británicos invadieron Washington D. C. Destrozaron y saquearon la ciudad. Incendiaron edificios, entre otros, el Capitolio. Luego, se dirigieron a la Casa Presidencial. Fueron de habitación en habitación, se apoderaron de todo lo que quisieron y destrozaron el resto. Antes de marcharse, incendiaron la casa. Madison no estaba allí en ese momento. Dolley huyó poco antes de que llegaran los británicos.

Al poco tiempo, Estados Unidos empezó a ganar batallas tanto en la tierra como en el mar. La victoria ya no parecía imposible. Para entonces, los británicos estaban cansados de luchar. Los estadounidenses también. Madison envió a sus representantes para iniciar las conversaciones de paz. En diciembre de 1814, se firmó un tratado de paz.

Estados Unidos vence a Gran Bretaña en la batalla de Nueva Orleans.

DOLLEY SALVA A GEORGE

Antes de huir de la Casa Presidencial, Dolley se llevó una copia de la Declaración de Independencia. Logró salvar cubiertos de plata, libros y muchos otros objetos. También les dio instrucciones a los sirvientes y a un hombre esclavizado llamado Paul Jennings para que resguardaran un famoso retrato de George Washington.

LA CASA BLANCA

Antes de que la incendiaran, la casa donde vivía el primer mandatario se llamaba Casa Presidencial. Cuando se reconstruyó, la pintaron de color blanco. A partir de ese momento, se conoce como la Casa Blanca.

25

El último hombre en pie

Después de la guerra, las personas empezaron a ver a Madison como un héroe. Madison se mantuvo firme en sus creencias. Luchó encarnizadamente en la guerra. Mantuvo unida a la nación y la hizo más fuerte.

El segundo mandato de Madison llegó a su fin en 1817. Para entonces, Madison tenía 66 años. Dolley y él regresaron a Montpelier. Estaba listo para volver a la vida tranquila en su granja.

Un día, Thomas Jefferson fue a visitarlo. Necesitaba la ayuda de Madison una vez más. Quería que su viejo amigo trabajara con él para fundar una universidad. Madison aceptó. Juntos colaboraron en la creación de la Universidad de Virginia.

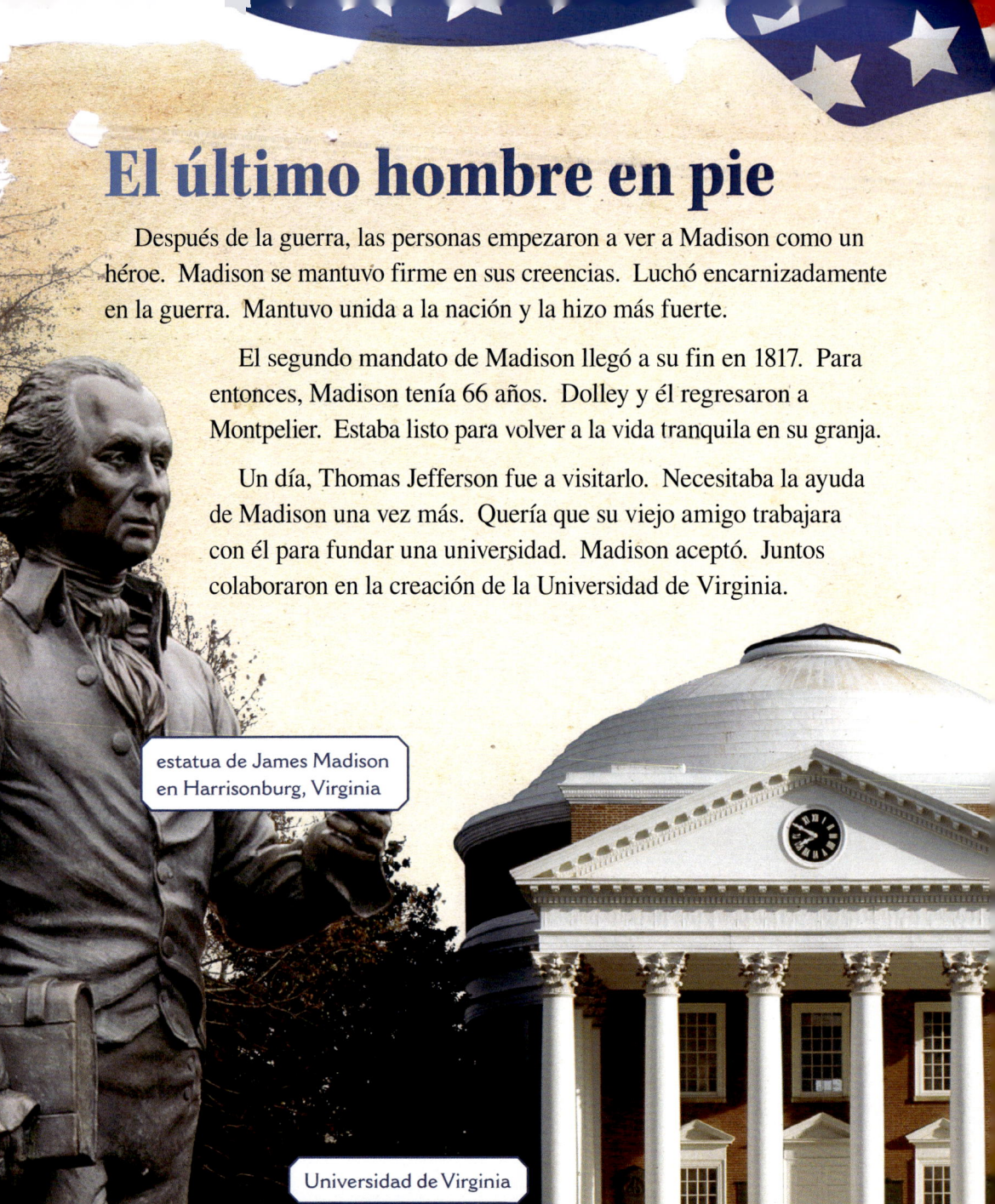

estatua de James Madison en Harrisonburg, Virginia

Universidad de Virginia

En 1836, Madison tenía 85 años. Era el último de los Padres Fundadores que quedaba con vida. Estaba frágil y débil. Ya no podía escribir ni caminar. Falleció el 28 de junio. Se le recordaría como el hombre pequeño con grandes ideas. Ayudó a conformar un gobierno, a redactar una constitución y a mantener unida a una nación. Quizá no sea una coincidencia que haya sido el primer Padre Fundador de la Convención Constitucional y el último en irse de este mundo.

AYUDAR A LOS FUTUROS LÍDERES

Madison le pidió a Dolley que le ayudara a editar y copiar sus artículos de la Convención Constitucional. Él apenas podía sostener una pluma debido a su **reumatismo**. Sin embargo, esperaba que sus notas fueran de utilidad para los futuros líderes.

James Madison a los 82 años

27

¡Resuélvelo!

James Madison era experto en solucionar problemas. Fue uno de los hombres que comprendieron que los Artículos de la Confederación no funcionaban bien. Vio un problema y pensó ideas para resolverlo.

Piensa en un problema que haya en tu casa o en tu escuela. ¿Cómo crees que podría resolverse? Escribe un plan para resolverlo. Comparte tus ideas con tu familia o tus compañeros. Después, pon en práctica tu plan.

ARTICLES

OF

CONFEDERATION

AND

PERPETUAL UNION

BETWEEN THE

STATES

OF

NEW-HAMPSHIRE, MASSACHUSETTS-BAY, RHODE-ISLAND AND PROVIDENCE PLANTATIONS, CONNECTICUT, NEW-YORK, NEW-JERSEY, PENNSYLVANIA, DELAWARE, MARYLAND, VIRGINIA, NORTH-CAROLINA, SOUTH-CAROLINA AND GEORGIA.

LANCASTER, (PENNSYLVANIA,) PRINTED:

BOSTON, RE-PRINTED BY JOHN GILL, PRINTER TO THE GENERAL ASSEMBLY, M,DCC,LXXVII.

29

Glosario

bloqueo: un acto de guerra en el que los barcos impiden que las personas o los suministros entren a un país o salgan de él

Congreso Continental: reuniones que realizaron los colonos para organizar el gobierno de Estados Unidos

constitución: un sistema de creencias, leyes y principios por los cuales se gobierna un país o un estado

currículum: un documento breve que describe la historia laboral y la formación académica de una persona

delegado: una persona elegida para hablar en nombre de una de las colonias en el Congreso Continental

federal: relacionado con el gobierno central de Estados Unidos

filosofías: estudios de las ideas sobre el conocimiento, la verdad y el sentido de la vida

importar: traer a un país productos procedentes de otro país

mandatos: períodos en que alguien ejerce un cargo político

milicia: ciudadanos comunes entrenados en el combate militar y dispuestos a luchar para defender a su país

negociaciones: discusiones entre diferentes partes para llegar a un acuerdo aceptable para todos

opositor: alguien que compite con otra persona

Parlamento: el principal organismo legislativo de Gran Bretaña

reumatismo: una enfermedad que causa mucho dolor debido a la inflamación de músculos y articulaciones

se ratificó: se hizo oficial mediante la firma o el voto

sucediera: apareciera después de algo o de alguien en una serie

viuda: una mujer cuyo esposo ha fallecido

Índice

¡Tu turno!

Una conversación política

Thomas Jefferson y James Madison eran muy buenos amigos. Jefferson le pidió a Madison muchos favores a lo largo del tiempo. Le pidió que se desempeñara como su secretario de Estado. También quiso que Madison lo ayudara a fundar una universidad. ¡Son responsabilidades enormes! Escribe un guion en el que Jefferson y Madison conversen sobre una de esas tareas.